GUÍA DE LECTURA

Escrita por Éléonore Quinaux
Traducida por Laura Soler Pinson

Tiempos de hielo

de Fred Vargas

Entiende fácilmente la literatura con

ResumenExpress.com

www.resumenexpress.com

FRED VARGAS

UNA CREADORA DE ASESINATOS LABERÍNTICOS

- **Nacida en junio de 1957 en París (Francia)**
- **Algunas de sus obras:**
  - *Huye rápido, vete lejos* (2003), novela
  - *La tercera virgen* (2006), novela
  - *El ejército furioso* (2011), novela

Fred Vargas, cuyo verdadero nombre es Frédérique Audouin-Rouzeau, es ante todo una apasionada de la época medieval. Esta autora, que posee un doctorado y es especialista en arqueozoología, empieza a redactar la novela de *Los juegos del amor y de la muerte* (1986) durante unas excavaciones. Este relato recibe el premio a la primera novela del Festival de Cognac (Francia) y se incorpora a la prestigiosa colección *Le Masque*, que desde 1927 publica en Francia la editorial Librairie des Champs-Elysées.

Audouin-Rouzeau escoge un pseudónimo calcado al de su hermana gemela, la pintora Jo

Vargas, y se lanza en los años 1990 en un ciclo policiaco en torno a un personaje estrella: el comisario Jean-Baptiste Adamsberg. Alcanza un éxito tanto literario como cinematográfico, ya que algunas de sus investigaciones se adaptan a la gran pantalla.

TIEMPOS DE HIELO

UN SECRETO ISLANDÉS MANCHADO CON LA SANGRE DEL TERROR

- **Género:** novela policiaca
- **Edición de referencia:** Vargas, Fred. 2015. *Tiempos de hielo*. Madrid: Ediciones Siruela
- **Primera edición:** 2015
- **Temáticas:** investigación, asesinato, canibalismo, Revolución francesa, guillotina, Islandia

Marie-France se encuentra en el bolsillo con una simple carta que una moribunda intenta enviar en vano. Este hallazgo provoca una nueva investigación del jefe de la Brigada Criminal de París 13, Jean-Baptiste Adamsberg. A través de las averiguaciones del comisario, el lector descubre las costumbres y los secretos de dos clanes: por una parte, el de una familia encerrada en el lugar conocido como «el Creux» y, por otra, el de un grupo de setecientas personas que disfrutan recreando a intervalos regulares las primeras Asambleas Nacionales que lidera un Robespierre que parece real. ¿La relación entre estos dos casos? Unos asesinatos y unas vidas presas del peso de historias familiares manchadas por la sangre de la Revolución francesa.

RESUMEN

UNA CARTA MISTERIOSA

La sección necrológica obsesiona a Marie-France desde que ha leído el nombre de Alice Gauthier, una desconocida a la que había salvado de una mala caída cerca de un buzón de correos. Marie-France, que descubre en el bolsillo de su abrigo una carta que esta última ha escrito, decide enviarla en su lugar. Lo que no sabe es que esta muerte no es natural: Alice acaba de ser encontrada en su bañera, completamente vestida y emperifollada, con las venas abiertas. El comisario Bourlin, del distrito 15 de París, al mando de la investigación, no da su brazo a torcer. Este supuesto suicidio es sospechoso: no se encuentra ninguna carta, no hay dinero y no se le conocen problemas a la difunta. Por otra parte, el tiempo apremia, ya que el juez quiere archivar el caso. Solo hay dos elementos que podrían reactivar la investigación: un extraño símbolo que se ha encontrado cerca de la bañera y un vecino que ha escuchado a un tal «André» visitar a la víctima la víspera del misterioso fallecimiento. Quien dice símbolo dice historia, por lo que se llama al comandante Adrien Danglard, un hombre muy culto, de la Brigada Criminal del distrito 13 dirigida por el comisario Adamsberg. Por desgracia, Danglard no identifica el signo.

HARAS DE LA MADELEINE

Marie-France, que sabe que está vinculada con este extraño caso, se reúne con los investigadores de la Brigada Criminal y da el nombre del destinatario de la carta, un tal Amédée Masfauré, de Haras de La Madeleine. ¿Amédée? ¿André? Suenan parecido, y eso lleva a Adamsberg a citar a Bourlin y a acudir a las caballerizas situadas en el «Creux». Una vez allí, son informados de que el propietario, Henri Masfauré, acaba de suicidarse con un arma de fuego. Sin embargo, un detalle llama la atención de Adamsberg: al inspeccionar la escena del crimen, descubre el mismo signo que en casa de Alice.

Después de muchos altercados entre Céleste, una vieja sirvienta, Pelletier, el administrador de las caballerizas, Victor Masfauré, el secretario de Henri, y Amédée Masfauré, el hijo de Henri, el supuesto destinatario por fin se decide a hablar de la carta a los investigadores. Alice, que sentía que su final estaba cerca, habría querido confesar todo lo que sabía acerca de la muerte de la madre de Amédée, Marie-Adélaïde, que se produce diez años antes durante una excursión a la isla del Zorro, en Islandia. Alice, que forma parte de esta expedición, escribe que un individuo habría matado a un hombre apodado el «legionario» y, después, a Marie-Adélaïde tras un intento de violación. Amédée ignora el nombre de este criminal: Alice se habría negado a desvelarlo para proteger al asesino que, aun con todo, habría cuidado del grupo, preso de las brumas, alimentándolo con focas. Antes de volver a la civilización, los habría amenazado de muerte si alguno revelaba los asesinatos que se habían presentado como accidentes. Henri y Victor, que también estaban presentes durante la expedición, se habían puesto de acuerdo para esconder la atrocidad a Amédée, ya que temían la venganza del asesino. Victor, interrogado por separado, añade algunos detalles sobre los miembros del equipo: un vulcanólogo —Sylvain Dutrémont, fallecido en circunstancias extrañas—, un deportista, un médico, un especialista en pingüinos, Alice y su pareja ecologista, un hombre robusto que golpeaba el suelo con un bastón de marcha nórdica, y Éric Courtelin, el «legionario» asesinado.

CONFUSIÓN Y PISTA FALSA

Adamsberg relaciona el símbolo con una representación de la guillotina que Luis XVI revisa según el patrón del doctor Guillotin: una especie de H con una línea cóncava tachada. Al reflexionar con su equipo, descubre que Marie-Adélaïde Masfauré, cuyo apellido de nacimiento es Pouillard, provenía de un entorno pobre y era una profesional del teatro. Cuando se casó con el investigador y millonario Henri Masfauré, habría abandonado a su hijo Amédée durante cinco años en una «institución» especializada. Este último no recordaría nada, salvo patos decapitados y un encuentro con un adolescente protector.

Un tercer suicidio alimenta la investigación: Jean Breuguel se habría destripado con un cuchillo, pero el escándalo que los vecinos han escuchado lleva a pensar que se habría producido una pelea con un posible asesino. En la biblioteca de la víctima figuran tres libros sobre Islandia. Su aspecto nuevo y el símbolo mal grabado en un zócalo sugieren una pista falsa, ya que solo Amédée y Victor conocen la desventura islandesa y la naturaleza de ese símbolo. ¿Acaso Victor está tratando de proteger a Amédée confundiendo a la policía? La investigación no avanza. Entonces, Adamsberg publica un comunicado en el que menciona los asesinatos, con la esperanza de que alguno de los prisioneros del islote se manifieste.

LLAMADME ROBESPIERRE

Tras el anuncio, llega a la comisaría una carta de la Asociación de Estudio de los Escritos de Maximilien Robespierre, redactada por su presidente, François Château. Este quiere reunirse con Adamsberg, ya que las tres víctimas pertenecían a su grupo: Henri era un mecenas, y Alice Gauthier y Jean Breuguel eran miembros ocasionales. Además, parece que un cuarto socio está ausente. La reunión se produce en una cafetería. Château explica que se siente amenazado desde que recibió dos cartas anónimas. ¿Islandia sería un punto muerto? El presidente de la asociación propone a Adamsberg que participe en las reuniones junto con Danglard y Veyrenc, donde se disfrazan y recrean los discursos de la Asamblea Nacional durante la Revolución francesa. Allí, el comisario conoce al tesorero y al secretario de Château, que también intervienen en las sesiones de forma anónima; se les nombra Leblond y Lebrun. Además, son los encargados de llevar a cabo un estudio sobre el comportamiento de las personas presentes, cuyo juego genera una catarsis.

Se produce una cuarta muerte: Angelino Gonzalez es encontrado en su sótano. Podría parecer una caída, pero la marca de la señal hecha con tiza azul confirma la pista del asesinato. El homicidio de Angelino, a quien Victor no conoce, aleja las hipótesis relacionadas con el caso islandés. Por el contrario, gracias a los bocetos del comisario donde dibuja a Gonzalez con ropa del siglo XVIII, Château lo identifica como un habitual de las reuniones en las que interpretaba papeles importantes. Al final, Adamsberg empieza a tener dudas: dado que Château representa el papel de Robespierre con ímpetu y piensa que desciende de un hijo no reconocido de este último, ¿podría ser posible que quisiera volver a instaurar una especie de Terror asesinando a algunos miembros de su asamblea?

INFRAS EN LA GRANJA DEL THOST

Leblond y Lebrun proponen que se investigue a un grupúsculo de la asociación, los «infras», compuesto por unas veinte personas y que, al contrario que los demás, no se entusiasman durante las asambleas. El estudio de los acólitos de Château permite subdividir a los miembros de la asociación en dos clanes: los infiltrados y los guillotinados. En los infiltrados, vigilados por Henri y Victor Masfauré, estarían Alice y Breuguel, y un dentista, un ciclista, una antigua actriz y un hombre común. Los guillotinados serían descendientes de condenados a la guillotina. La forma en la que Leblond y Lebrun presentan siete nuevos posibles sospechosos a los investigadores siembra la duda en Adamsberg: ¿no estarían intentando esconder la locura homicida de su jefe? La precisión de los términos de la pareja es idéntica, utilizan el mismo vocabulario, como si se hubiesen puesto de acuerdo antes de hablar con la policía. Esto también se percibe en la descripción del relato, casi idéntica, del episodio islandés que cuentan Victor y Amédée, como si ellos también estuvieran compinchados. Para Adamsberg, Islandia no es un caso archivado. ¿Qué ocurrió entre Amédée, al cuidado de una institución durante cinco años, y Victor, que proviene de la DDASS, la Dirección Departamental de los Asuntos Sanitarios y Sociales? Tras las comprobaciones necesarias, «Victor Masfauré» no figura en los archivos del organismo. Sin embargo, sí que aparece que a un tal «Amédée», nacido de un parto secreto, se le asignó una familia de acogida en la granja de Thost, los Grenier, poco cariñosos con los niños. Cuando mueren los Grenier, una vecina alerta de la presencia de un niño pequeño y de un adolescente. El cartero afirma que solo llegaba una carta, a nombre de Pouillard, para pagar la pensión alimenticia de los chicos. Unos años más tarde, Marie-Adélaïde, la madre, habría acudido para llevarse al más joven, sin siquiera mirar al mayor.

EL REVOLUCIONARIO ISLANDÉS

Danglard no saca nada en claro del interrogatorio del descendiente de Danton ni de su participación en la asamblea, acompañado por Lebrun quien, disfrazado de Couthon, golpea contra el suelo su bastón. Por su parte, Adamsberg informa a Victor y a Amédée de su parentesco: Amédée no había reconocido a Victor y este último confiesa que había vuelto para vengarse de su madre, pero que jamás habría tenido el valor de asesinarla. El caso no avanza y el comisario, en contra de la opinión de Danglard, decide viajar a Islandia con Violette Retancourt y Veryenc.

Cuando el equipo llega a la isla de Grimsey con Almar, su intérprete, alquila un barco para dirigirse al islote del Zorro, habitado por el demonio *afturganga*. Allí han desaparecido todas las huellas del campamento, pero unos agujeros de estaca de un antiguo secadero ayudan a que el comisario recoja una mezcla de carbón y de osamentas. En el albergue, Almar, que además de intérprete es quinesioterapeuta, señala que se trata de huesos humanos y que pertenecen a dos muñecas derechas, lo que indica la presencia de dos cuerpos diferentes. Las huellas de quemaduras y las marcas de cuchillas no dejan lugar a duda: las dos víctimas fueron despedazadas y devoradas por los miembros de la expedición. Aunque el asesino había logrado hacerles creer que se trataba de carne de foca, la mentira había tenido poco recorrido, ya que el médico del equipo había reconocido los restos humanos. Así, todos habían tenido que aceptar comerse a la señora Masfauré con conocimiento de causa.

Cuando el equipo de Adamsberg vuelve a Francia, Victor confiesa el canibalismo, pero jura que fue el único que no se comió a su madre. En ese mismo momento, se informa de un nuevo intento de asesinato en Dijon: un hombre con una peluca, que ha pintado el símbolo de la guillotina en rojo en un bidón de gasolina azul, ha intentado ahorcar a Vincent Bérieux. Aunque este se salva, es incapaz de hablar.

Cuando Adamsberg vuelve a París, se van sumando sus ideas y sus croquis: el asesino islandés y el de la Asamblea son la misma persona. Quiere enseñarle a toda costa sus dibujos a Victor, por lo que acude lo más rápido posible al Creux, saltándose incluso un control policial. Mientras el buen hombre ve que los retratos se corresponden, una persona armada con una ametralladora MP5 amenaza a Adamsberg, a Victor y a Amédée. El comisario alcanza al hombre en su mano derecha y este empieza a disparar ráfagas, de las que salen heridos Céleste, la sirviente, y su jabalí de compañía. Los policías, que perseguían a Adamsberg por delito de fuga tras haberse saltado el control, entran en el lugar de los hechos y matan al tirador. Se trata de Lebrun, cuyo verdadero nombre es Charles Rolben, un alto magistrado y secretario de la Asociación.

ADAMSBERG RESUME

Adamsberg reúne las pruebas. La primera pista en la que se centra es el vocabulario idéntico que usan Victor y Alice para hablar de la carne de foca: un gusto a pescado. Sin embargo, esta carne no huele a pescado. A continuación, se acuerda del tic del asesino islandés: golpeaba el suelo con su bastón de marcha, de la misma forma que Lebrun no dejaba de hacer rebotar el suyo en el suelo. Lebrun pedía protección mucho más que Leblond y, en cuanto Adamsberg escapaba a su constante vigilancia, acudía a la comisaría. Él es quien apremia a Château para que responda al comunicado, quien los ha invitado a las asambleas y quien ha dejado que se filtren nombres de infras. Convencido de que había logrado alejar a la policía de Islandia al colocar libros nuevos en casa de Breuguel, lo cierto es que se precipita cuando se produce el intento de asesinato en Dijon: usa pistas toscas, como la peluca o los colores revolucionarios para dibujar el signo; y deja con vida a Bérieux para que pueda testificar acerca de su intento de asesinato a manos de un miembro de la asociación, lo que alejaría la hipótesis de que esta serie de asesinatos y la pista islandesa están relacionados. Sin embargo, Château, que desempeña el papel de Robespierre, habría supuesto un culpable ideal. Por desgracia para Lebrun, Adamsberg se obstina con el islote islandés. Al final, esto da resultado y sale a la luz toda la verdad.

ESTUDIO DE LOS PERSONAJES

LOS MIEMBROS DE LA POLICÍA

Jean-Baptiste Adamsberg

Este protagonista del ciclo de novelas policiacas es el comisario y jefe de la Brigada Criminal de París 13. Es originario de los Pirineos y, con frecuencia, recuerda con nostalgia el Gave de Pau y la naturaleza. De hecho, en la ciudad ha desarrollado trastornos obsesivo-compulsivos: por ejemplo, prefiere caminar por la hierba. Tiene un trato descuidado y se preocupa poco por las convenciones, así que a menudo va vestido con una chaqueta y una camiseta negra, y extrañamente lleva dos relojes que no funcionan en la misma muñeca. Llega tarde con frecuencia, tiene una mirada difusa y a veces parece estar completamente perdido en sus pensamientos. De vez en cuando, usa un vocabulario o expresiones extrañas que casi podrían hacerlo pasar por alguien grosero o, incluso, por alguien con retraso. Fuma y tiene la costumbre de desmigajar el tabaco del cigarrillo en su bolsillo. Es padre de dos niños: Zerk, que se le parece mucho y que tiene 28 años, y el joven Tom.

Aunque Adamsberg es el protagonista de la novela, no sería nada sin su equipo: por lo general, llega a sus deducciones tras conversaciones con sus colegas, como Danglard, Retancourt o Lucio, su vecino español tremendamente sensato. No lleva a cabo sus investigaciones de forma tradicional. De hecho, no toma notas, sino que deja este trabajo para uno de sus adjuntos, Justin. Prefiere realizar dibujos, bocetos y solo logra razonar mediante asociaciones de ideas que desarrolla mientras camina. No tiene capacidad de síntesis y es siempre su adjunto Danglard quien se encarga de resumir la información al equipo. También es conocido por su indolencia, una elocución lenta que a veces duerme a sus interlocutores y a veces los irrita y los empuja a confesar más rápidamente. Danglard es su compañero favorito: no lo sanciona por la falta profesional que comete al final de la investigación y, en dos ocasiones, lo deja a la cabeza de la comisaría.

Durante la investigación, es el único que jamás

abandona la pista de Islandia. Al contrario que los demás, no teme las inclemencias del tiempo de este país, ya que, por sus raíces pirenaicas, él mismo está ya acostumbrado.

Adrien Danglard

Danglard es comandante de la Brigada Criminal de París 13 y está bajo la responsabilidad del comisario Adamsberg. Este hijo de un minero del norte de Francia y padre de cinco hijos se sumerge en el alcohol cuando su mujer lo abandona y lo deja con un pequeño niño rubio que no es suyo. Duerme mucho y llega tarde a la comisaría. Siempre va arrastrando los pies y solo lleva calzado que venga de Inglaterra.

Es menos grosero que Adamsberg y demuestra algunos buenos modales, es educado y tiene una dicción excelente. Cuenta con mucha experiencia y es conocido en el ambiente por su cultura enciclopédica: así lo demuestra durante la investigación, con su conocimiento sobre las figuras principales de la Revolución francesa y los discursos y escritos de Robespierre. Durante la investigación, se aparta de Adamsberg, ya que no entiende por qué mantiene esa obsesión relacionada con el caso islandés. Danglard prefiere la hipótesis de un asesino que estaría reconstruyendo una especie de Terror parecida a la de la Revolución y formaría parte de la Asociación. Se siente satisfecho con la ausencia de Adamsberg, que se ha marchado a Islandia, lo que le permite tomar las riendas de la comisaría y de los interrogatorios. Sin embargo, comete un error cuando informa a Lebrun de la ausencia de su superior. Tras esta falta de visión, entrega su dimisión a Adamsberg, que no la acepta.

El comisario Bourlin

Bourlin está al cargo de la comisaría del distrito 15 de París. Adamsberg lo aprecia mucho por gustarle la buena vida y por su carácter resistente.

El comisario, que de joven era muy delgado, ahora tiene una gran barriga porque come y bebe mucho. De hecho, es incapaz de pensar cuando tiene hambre. Su fobia a la contaminación le impide acudir al centro de París. Es un gran fumador, con unos dedos gruesos poco hábiles, por lo que siempre coge los cigarrillos del paquete de dos en dos, y es incapaz de utilizar la rueda de un mechero; así, siempre lleva una gran caja de cerillas en el bolsillo. Siempre está resfriado y nunca es discreto cuando se suena la nariz.

EL CLAN DEL HARAS DE LA MADELEINE

Amédée Masfauré

Desde que heredó el Creux, la antigua y gran finca familiar, y la considerable suma de cincuenta millones de euros, Amédée vive en el Haras de La Madeleine. Masfauré es guapo, con su nariz recta, sus labios definidos, sus largas pestañas y sus rizos negros, tiene una finura romántica y sus rasgos finos le dan una gracia femenina. Tiene un carácter sensible, frágil y, a la vez, espontáneo. Adamsberg considera que es demasiado suave y demasiado torpe como para ser el asesino. Durante las charlas con el comisario, pone a punto un código entre Victor y él: la posición de los dedos de su hermano le indica que puede hablar o que tiene que callar. Él es quien anima a Victor a que admita que los bocetos de Adamsberg son correctos y a que identifique al asesino islandés como un miembro de la Asamblea.

Victor Masfauré

Tiene unos 35 años y no es demasiado guapo: su rostro está enmarcado por unos rizos rubios y siempre está con el ceño fruncido y melancólico. Su nariz y sus labios son anchos, su frente es baja, sus ojos son pequeños y están juntos y su cuello es muy corto. Aunque no sepa nada de química, Henri lo contrata como secretario por su habilidad para retener un gran número de datos.

En el momento que se anuncia el parentesco entre Amédée y Victor, este último confiesa que había venido al Creux para vengarse de esa madre que lo había ignorado por completo cuando esta había acudido para llevarse a Amédée. No obstante, admite que jamás habría tenido la valentía para matarla. Cuando el comisario vuelve de Islandia, Victor confiesa el canibalismo y, de paso, afirma que es el único que no se comió a su madre. Influido por Amédée, revela la validez de los bocetos de Adamsberg: efectivamente, Lebrun/Rolben es el asesino de ambos casos.

LOS MIEMBROS DE LA ASOCIACIÓN ROBESPIERRE

François Château

Es el presidente de la Asociación de Estudio de los Escritos de Maximilien Robespierre, que está conformada por 687 miembros. Las asambleas se desarrollan en el número 42 de la calle Courts-Logis, cerca de Saint-Ouen, en un antiguo granero alquilado por Henri Masfauré, uno de sus mecenas. Los miembros acuden allí desde hace una década, dos veces al año. Las reuniones catalogadas como «excepcionales» cuentan con la presencia del personaje de Robespierre. Su presidencia es anónima, al igual que también son anónimos los miembros que vienen disfrazados y empolvados como en el siglo XVIII.

Château, que es pequeño, estrecho de hombros, con unas mejillas rosadas, cabello castaño y poco frondoso y ojos azules pequeños e insignificantes, encarna a la perfección el papel de Robespierre, de quien se disfraza: traje azul, voz rechinante, peluca, gafas redondas y la cara empolvada. Su entusiasmo por el Terror y por este personaje revolucionario viene de una historia familiar: podría ser el descendiente del hijo secreto de Robespierre, François Didier Château, nacido en 1790. El abuelo de François Château creía esta versión de la historia y conservó el mito, llevando a su nieto a comportarse como Robespierre a partir de los cuatro años. La madre del pequeño, que se oponía a ello, murió ahogada en extrañas circunstancias; de hecho, Château piensa que su abuelo podría haber saboteado la barca de su madre. Aun así, sigue existiendo una duda acerca de esta descendencia, ya que Robespierre temía a las mujeres y todo lo que estaba relacionado con la sexualidad. François Château conserva los dientes de Robespierre en un medallón que lleva alrededor del cuello: habría sido un cirujano quien habría recogido esos dientes cuando se arresta al revolucionario y se los habría llevado a la familia Château. Adamsberg le aconseja que los someta a un análisis de ADN para no vivir más como un prisionero del mito.

El propio François Château recibe amenazas durante el caso a través de dos cartas anónimas. Entonces, se le pone bajo protección en el Hôtel des Gaules, donde trabaja como jefe de contabilidad y jardinero. Durante mucho tiempo, es sospechoso de los asesinatos, ya que su fusión perfecta con el personaje de Robespierre podría haberle infundido las ganas de crear un nuevo Terror.

Leblond

Leblond es el tesorero de la Asociación. Tiene unos 50 años, lleva barba y gafas, y se disfraza para las reuniones para mantener su anonimato. Es psiquiatra de formación y, junto a Lebrun, lleva a cabo una investigación acerca del efecto que causa Robespierre sobre la gente espiando a los miembros de la Asamblea y recopilando datos sobre su comportamiento.

Lebrun

François Château conoce a Lebrun trabajando para él como contable antes de invitarlo a que tome el puesto de secretario en la Asamblea. Lebrun representa el papel de Couthon cuando llega la policía a la Asamblea y no deja de golpear el suelo con el bastón. Tiene el pelo blanco y corto, gafas, la piel oscura, nariz fina, un aire respetable, y dice ser psiquiatra en el hospital de

Garches con el pseudónimo de Rousselet. Así, durante mucho tiempo, Adamsberg supone que es el médico encargado del estudio que lleva a cabo junto a Leblond.

Para demostrar su buena fe, Lebrun señala al comisario un grupo sospechoso llamado los «infras», que se mantienen impasibles en las Asambleas. También insiste mucho para gozar de una protección policial. Lebrun, cuyo verdadero nombre es Charles Rolben, resulta ser el asesino de ambos casos y un alto magistrado de Versalles conocido por ser rudo y sanguinario.

CLAVES DE LECTURA

LA NOVELA POLICIACA

¿Cuál es la categoría de esta novela policiaca?

En la literatura europea, a menudo se habla de Edgar Allan Poe como primer gran autor de novelas y relatos policiacos. Sin embargo, algunos especialistas del género, como P. D. James (1920-2014), declaran que *Emma* (1815), de Jane Austen sería el auténtico antepasado del género policiaco. Independientemente de que la trama sea clásica o se acerque a la ciencia ficción, la novela policiaca suele dividirse en tres grandes categorías: la novela enigma, la novela negra y la novela de suspense (o *thriller*). ¿Pero a qué subcategoría pertenece *Tiempos de hielo*?

- Sin duda, la novela enigma es el género más conocido gracias a autores como Agatha Christie. En este género literario, primero se presenta el relato del crimen y, a continuación, se invita al lector a que siga los pasos del inspector en la resolución del caso. En Vargas, no existen unos límites tan claros, ya que las dos historias no se corresponden con la del crimen y la de la resolución, sino más bien con dos partes de un mismo todo. A este relato dividido viene a añadirse una especie de metacognición del lector, que tiene acceso a las reflexiones del investigador y se crea su propia teoría del asesino, con independencia de la del comisario Adamsberg. Por lo tanto, *Tiempos de hielo* no es estrictamente una novela enigma.

- Por su parte, la novela negra tiene sus orígenes en la novela estadounidense que está de moda en los años 1930. Pone de relieve una sociedad corrupta y pesimista en la que reinan una violencia y una atmósfera oscura. En la novela de Vargas, no encontramos este tipo de universo. Además, no es la organización social la que lleva al crimen y a la desorganización, sino más bien unas convicciones, unas personalidades o, incluso, móviles humanos. Por consiguiente, *Tiempos de hielo* tampoco pertenece a este tipo de literatura.

- La novela de suspense conserva de la novela enigma la idea del enredo de relatos. Sin embargo, la segunda historia tiene que ocupar más espacio que la primera obligatoriamente para que el suspense aumente progresivamente. Así, si bien podemos considerar que el relato islandés es la primera historia en *Tiempos de hielo*, lo cierto es que las reuniones revolucionarias quedan en una segunda temporalidad que pasa al primer plano. De esta manera, el lector debe mostrar interés tanto por el presente como por el pasado: los elementos de respuestas se encuentran en Islandia y explican los crímenes que se perpetran simultáneamente a la narración de los hechos.

Así, Vargas nos ofrece una especie de compilación entre la novela enigma y la novela de suspense: Adamsberg sumerge al lector en una investigación donde reina el suspense.

¿Un respeto de las características de la novela policiaca?

En su obra titulada *Poética de la prosa*, Tzvetan Todorov (1939-2017) muestra interés por las características de la novela policiaca y declara que deben respetarse ocho puntos. A continuación, analizaremos si aparecen en *Tiempos de hielo*.

- Todo relato tiene un solo detective principal y un único criminal. Aunque inicialmente Adamsberg no es el único comisario que participa en la investigación, sí es cierto que es el más importante. El culpable, Charles Rolben, es el único asesino.

- El criminal no es el investigador y el crimen no es una de sus costumbres, sino que son razones personales las que lo animan a ello. Charles Rolben, más conocido por su pseudónimo Lebrun, no es en absoluto un doble de Adamsberg. Sabemos que es cruel y temible en su trabajo como alto magistrado, pero no identificamos como un criminal a este personaje que forma parte de la gran burguesía de Versalles y que, a nivel profesional, está situado del lado de los jueces. Cuando mata, es por razones muy personales: primero para aliviar sus arrebatos de ira y, a continuación, para esconder los asesinatos islandeses y reconstruir un ambiente de Terror tal y como le habría gustado vivirlo.

- La novela policiaca no tiene una historia de amor. En efecto, a cualquier nivel de este libro, el amor no es un dato que se destaque. Se evocan algunos amores de antaño de Adamsberg, pero el lector no se entera de ningún detalle sobre esto. No sabemos nada acerca de los sentimientos y de las relaciones amorosas de los otros miembros de la brigada, salvo que Danglard está separado de su mujer. Entre los civiles tampoco se desarrolla mucho más este elemento: Marie-Adélaïde ni siquiera pudo amar a sus propios hijos. Igualmente, la situación amorosa del criminal no se explicita.

• El criminal tiene importancia tanto en la narración como en la sociedad: nunca puede ser un personaje secundario. Charles Rolben no es un subordinado. Es cierto que no es el presidente de la Asociación de Robespierre, pero maneja la situación a su favor usando a Château como marioneta en el ajedrez de su propio Terror. Como alto magistrado, desempeña una función importante en la sociedad. Se encuentra siempre en el centro del juego durante toda la investigación: lleva al grupo al islote islandés o examina a los miembros de la Asociación y cualquier movimiento de Adamsberg. Está omnipresente en todo el relato; cuando el narrador lo aparta para centrarse en la investigación, reaparece en la comisaría por miedo a caer en el olvido.

- La novela policiaca se explica de forma cartesiana, no se admite ningún elemento fantástico. En esta obra, no aparece nada relacionado con la fantasía, con lo sobrenatural o con la ciencia ficción. Todo se explica a través de la razón, con pistas, con el cotejo de los interrogatorios, de hechos históricos, etc.
- La novela policiaca no se extiende en las descripciones o en las reflexiones psíquicas de los personajes. Son hechos y más hechos los que componen el relato con puntos muertos o preguntas que se quedan sin respuesta. La narración es rápida y utiliza un lenguaje contemporáneo no literario. El lector sigue la investigación como Adamsberg y, al igual que él, no muestra interés por las razones psicoanalíticas que podrían llevar a tal o cual personaje a actuar de esa manera. Igualmente, cuando se descubre al culpable, no se establece ningún perfil psicológico: todos los elementos recopilados en el relato bastan por sí mismos. No se trata de elaborar perfiles constantemente.
- Autor y lector no se mezclan y tienen puntos de vista independientes acerca de la trama. De la misma manera, el criminal y el investigador están muy implicados en el relato del crimen.

El autor no ofrece ninguna señal o pista al lector para guiar su reflexión. *Tiempos de hielo* está escrito desde un enfoque interno, es decir, el lector sigue el punto de vista de Adamsberg y descubre el caso según las descripciones del protagonista. Así, Fred Vargas construye un relato coherente donde las acciones se suceden y donde el lector debe desglosar la trama él solo. De la misma manera, Adamsberg investiga alrededor del criminal y de la resolución de sus actos. El protagonista está sentimentalmente muy implicado en el relato, al igual que el culpable, ya que los crímenes de este están dictados por sus emociones.

- Debe evitarse toda situación o toda resolución simplista o trivial. Recurrir a la historia —y, en particular, a la Revolución francesa—, que por lo general se utiliza poco en la narración policiaca, permite escapar al tradicional relato lineal. Además, las pistas no son obvias. Las dos historias que se entrelazan también ayudan a no caer en la trivialidad: el autor deja testimonios verdaderos y falsos, y mentiras por omisión, que impiden que una parte de los hechos salga directamente a la luz.

ADAMSBERG, ¿UN ANTIHÉROE?

Desde que el ser humano cuenta historias, crea héroes que presentan características intemporales. Pero, ¿qué es un héroe?

Es cierto que con héroe nos referimos al personaje principal de una obra, pero además esperamos de él que sea un modelo ejemplar. Debe demostrar una cierta valentía, estar por encima de las normas, tener virtudes físicas y de conducta. Sin embargo, aunque es innegable que Adamsberg presenta las aptitudes que se requieren para ser un buen investigador, como una deducción fuera de lo común y un sentido del razonamiento que se materializa a través de los bocetos, su aspecto, su apariencia, sus ausencias y su incapacidad para pensar con calma no lo elevan a la categoría de los héroes de la novela policiaca. No tiene la clase de un Hércules Poirot o el encanto de un Sherlock Holmes. No se expresa bien, a pesar de que debe dar órdenes. Se viste mal y no se preocupa de la imagen que da. No quiere ser un líder de grupo y, en cuanto puede, delega esta tarea. No parece contar con una mente despierta y aguda; al contrario, su mirada acuosa parece vacía y se expresa con un vocabulario simple y frases inacabadas. Ante todo, está representado como un humano entre otros muchos con sus propias rarezas.

TEMÁTICAS POLÉMICAS

Las temáticas que Vargas evoca cuestionan el ser humano en lo más profundo de su ser y sitúa al lector en una posición incómoda cuando se identifica con los personajes.

- El argumento del «último recurso», de fuerza mayor: el comportamiento inadecuado o enfermizo es comprensible en la medida en que no hay otra elección posible. Así, Vargas aquí plantea la cuestión de la supervivencia, del instinto y de la ética. De esta manera, a todos los reclusos del islote del Zorro, a los diez, se les presenta la posibilidad de comer cuerpos humanos o no, pero el instinto de supervivencia de los que no mueren resulta ser más fuerte que las reglas de la civilización. No alimentarse los habría llevado a la muerte, mientras que el canibalismo les infunde un horror que los perseguirá hasta el final de sus vidas y los convierte en cómplices del asesinato. Al final, se trata de la misma pregunta que surge con el Terror. Si algún individuo se alejaba de las expectativas de Robespierre, se exponía al cadalso. ¿Acaso no podemos perdonar a la multitud silenciosa por no oponerse directamente cuando sus propias vidas están en juego?

• La problemática de la filiación: ¿cómo debe comportarse el descendiente de un criminal, sin importar si es verdugo o antiguo dictador? De la misma manera, ¿cómo un individuo puede construir su identidad cuando es preso de las historias y de los mitos de su familia? Pensemos por ejemplo en los descendientes de los guillotinados o en François Château. Aquí, Vargas aborda la temática de la incompletud del ser humano: ¿acaso no le falta una parte de humanidad si entre sus antepasados se encuentra un ancestro sanguinario? Estos personajes, tal y como se presentan en la novela, no se han convertido en monstruos: presentan disfuncionamientos, angustias, carencias, pero eso no hace de ellos grandes criminales. De hecho, Vargas se abstiene de ofrecernos el contexto familiar de Charles Rolben, que quizás es uno de los mejores ejemplos.

PISTAS PARA LA REFLEXIÓN

ALGUNAS PREGUNTAS PARA PROFUNDIZAR EN SU REFLEXIÓN...

- ¿Adamsberg es un investigador como los demás? ¿Presenta puntos en común o contrastes con el célebre Hércules Poirot, que odia la naturaleza, o con el famoso Sherlock Holmes, que estimula su mente con ayuda de su violín?
- ¿Danglard puede ser percibido como el personaje que ayuda a que Adamsberg destaque? ¿Sería un nuevo Hastings o un nuevo Watson?
- En base a la primera edición de la versión original francesa de la obra, publicada por Flammarion, se escoge un jabalí para ilustrar la cubierta del libro. ¿Por qué?
- ¿Podríamos catalogar esta novela como una novela histórica?
- Si partimos de la idea del islote en Islandia, ¿qué consecuencias puede tener el aislamiento en algunos personajes? Tome relatos teatrales como *A puerta cerrada*, de Sartre, o *Los ciegos*,

de Maeterlinck, para elaborar su respuesta.

- ¿Charles Rolben debe ser considerado un asesino en serie? ¿Presenta las características clásicas?
- ¿Cree que el lenguaje contribuye a reflejar la personalidad del locutor? Analice las tomas de palabra y el vocabulario de Adamsberg, de Danglard, de Rolben o, incluso, de Château.
- Adamsberg es famoso por tener métodos de investigación poco ortodoxos. Identifíquelos y desarrolle su evolución.
- ¿Conoce otras figuras revolucionarias francesas? ¿Son tan sanguinarias?

¡Su opinión nos interesa!
¡Deje un comentario en la página web de su librería en línea,
y comparta sus favoritos en las redes sociales!

PARA IR MÁS ALLÁ

EDICIÓN DE REFERENCIA

- Vargas, Fred. 2015. *Tiempos de hielo*. Madrid: Ediciones Siruela.

ESTUDIOS DE REFERENCIA

- Charles, Pol. 2007. *Précis d'argumentation*. Bruselas: Averbode.

- Todorov, Tzvetan. 1980. *Poétique de la prose*. París: Seuil.

ResumenExpress.com

www.resumenexpress.com

ISBN ebook: 9782808003728

ISBN papel: 9782808003735

Depósito legal: D/2017/12603/716

Cubierta: © Primento

Libro realizado por Primento*, el socio digital de los editores*